Tragende Gedanken

Mit freundlicher Unterstützung von:

globus

Bozen – Meran – Brixen – Bruneck

2008
2. Auflage

Verlag Athesia Spectrum
Sparkassenstraße 8, 39100 Bozen (BZ)
Telefon +39 0471 92 72 27
Fax +39 0471 97 68 54
E-Mail: spectrum@athesia.it
Internet: www.athesia.it/spectrum

Texte: Hilarius Innerkofler
Auswahl der Texte: Stephan Kosinski
Fotos: Albert Gruber
Grafische Gestaltung: Manuela Preiss
Druck: Athesia Druck
ISBN: 978-88-6011-062-6

Pater Hilarius Innerkofler

Tragende Gedanken

Auszüge aus dem Katholischen Sonntagsblatt

KATHOLISCHES Sonntagsblatt

Kirchenzeitung der Diözese Bozen-Brixen

Ein Fixpunkt

Die Inhalte einer Zeitung sind einem stetigen Wandel unterworfen: Themen, die heute aktuell sind, sind morgen bereits abgegriffen und vergessen. Das Bild einer Zeitung wird jedoch nicht so sehr von diesen tagesaktuellen Meldungen geprägt, sondern von gewissen Fixpunkten, so genannte Meinungsbeiträge oder fixe Rubriken, die Woche für Woche Hintergrundberichte zum Inhalt haben.

Ein solcher Fixpunkt stellt bereits seit Jahrzehnten die Rubrik „Liebe alte und kranke Leute“ dar, die aus der Feder von Pater Hilarius Innerkofler stammt. Bis zu seinem Tod im März 2006 schrieb er wöchentlich im „Katholischen Sonntagsblatt“ aufmunternde Worte für Alt und Jung.

Da sich die Texte von P. Hilarius nach wie vor großer Beliebtheit erfreuen, hat die Redaktion der Kirchenzeitung beschlossen, eine Auswahl dieser lebensbegleitenden Gedanken in gefälliger Art und Weise in Buchform zu veröffentlichen.

Die Redaktion des „Katholischen Sonntagsblattes“ hofft, dass das vorliegende Büchlein in Südtirol und darüber hinaus eine große Verbreitung erfahren möge.

Dr. Walther Werth
Chefredakteur „Katholisches Sonntagsblatt“

Liebe Leserinnen und Leser!

Ich habe P. Hilarius Innerkofler während unserer gemeinsamen Studienzeit in Brixen kennen gelernt, und ich habe ihn als einen überaus unternehmungslustigen Menschen in Erinnerung. Er hat immer versucht, die Mitmenschen für die verschiedenen Bereiche des Einsatzes für die Mission zu gewinnen.

Auch seine körperliche Einschränkung konnte den Eifer für die gute Sache nicht bremsen. Die eigene gesundheitliche Situation hat in P. Hilarius das Gespür für die Nöte der Anderen gestärkt, und so konnte er mit großem Einfühlungsvermögen auf die Menschen zugehen, besonders auf alte und kranke Leute.

P. Hilarius hat in seiner Krankheit lebendige Seelsorge ausgeübt: in der direkten Begegnung, im persönlichen Gespräch und nicht zuletzt durch seine wöchentlichen Beiträge für das „Katholische Sonntagsblatt".

Es freut mich, dass eine Auswahl dieser Texte nun in gesammelter Form vorliegt, und wünsche allen Leserinnen und Lesern geistlichen Gewinn beim Lesen und Überdenken.

+ *Dr. Wilhelm Egger, Bischof*

Worte bewegen, Beispiele reißen mit

„Liebe alte und kranke Leute!" Mit dieser Anrede leitete Pater Hilarius in jeder Nummer des „Katholischen Sonntagsblattes" seine Überlegungen zu Leid und vielen anderen Themen ein. Wenn er das Wort „Liebe" an die erste Stelle setzte, so entsprach dies seiner inneren Einstellung: Er liebte seine Leidensgenossen und bemühte sich, den anderen durch seine tiefschürfenden Gedanken Hilfe zu geben.

Der Ausgangspunkt seiner lebensnahen Ausführungen war meistens eine Beobachtung in der Natur oder im Leben des Menschen.

Worte bewegen! Diese Worte von P. Hilaurius haben sicher die Einzelnen dazu veranlasst, sich tiefere Gedanken hinsichtlich des persönlichen Leidens zu machen.

„Exempla trahunt", „Beispiele reißen mit!" Das Beispiel von P. Hilarius war für die älteren Mitmenschen das Wichtigste. Der alternde und behinderte Pater hat sein persönliches Leid angenommen. Daraus entstand ein großer Segen für die Mitmenschen: Sein Beispiel weckte in anderen neue Kräfte in deren Leidenssituation. Der alternde Priester mit seiner Haltung, das Leid von Gott her zu sehen, weckte in den kranken und alten Menschen neue Sichtweisen, die Kraft vermittelten und Hoffnung schenkten. Möge sein Beispiel auch weiterhin vielen Menschen Quelle der Zuversicht sein!

Dr. Konrad Köhl
Beauftragter für Altenseelsorge der Diözese Bozen-Brixen

Der Hochsommer ist die Zeit der Wanderung, der Ferien und der Naturbetrachtung. Ich sitze gerne am Ufer eines Baches und betrachte ihn als Spiegelbild des Lebens: Wohin das Wasser gelangt, schafft es Leben, wohin ein edler Mensch geht, bringt er Freude. Das Wasser reinigt, belebt, erfrischt; dasselbe bewirkt der Geist und das Wort eines guten Menschen. Das Wasser passt sich seiner Umgebung an: den seichten oder tiefen Stellen, dem glatten oder steinigen Boden, dem Stau oder dem Gefälle; ebenso anpassungsfähig, vielfältig, tolerant und rücksichtsvoll muss der Mensch sein, wenn er seiner Umgebung zum Segen gereichen soll. Noch viele andere Lehren gibt mir der Bach. Die Natur ist eben immer die beste Lehrmeisterin des Menschen. Sie entsiegelt ihre Geheimnisse vor dem, der sie ehrfürchtig und liebend betrachtet.

Ernest Hemingway schrieb gegen Ende seines Lebens: „Nur zwei Jahre braucht der Mensch, um sprechen zu lernen, aber 50, um schweigen zu lernen." Er muss aber mit seinem Schweigen nicht ganz zurechtgekommen sein, denn er nahm sich selber das Leben. Es gibt eben ein trotziges Schweigen, ein ängstliches Schweigen, ein feiges Schweigen, ein stolzes Schweigen, ein hilfloses Schweigen oder das dumpfe Schweigen der Verlassenheit und inneren Verzweiflung. Zu viel Schweigen ist wie ein vollgepumpter Schlauch, der unweigerlich platzen muss. Freude muss herausgejubelt, Leid herausgeweint werden, wenn das innere Gleichgewicht erhalten bleiben soll. Noch wichtiger als das Schweigen ist das Hören. Es ist wie eine Radioantenne, die für alle Sendungen empfangsbereit ist, der Hörer kann sich frei entscheiden, welche Sendung er hören will.

Das Leben des Menschen ist von guten oder schlechten Gewohnheiten geprägt. Die Gewohnheit macht das Schwere leichter. Gewohnheiten können aber auch das Zusammenleben mit anderen schwerer machen, vor allem wenn die Tugend der Duldsamkeit und Anpassung fehlt. Schlimm ist es, wenn der Mensch auf seiner „eingefleischten" und störenden Gewohnheiten beharrt und kein Verständnis für die Gewohnheiten oder Eigenarten der anderen kennt. Man sollte nicht Sklave seiner Gewohnheiten werden. Nicht die Gewohnheiten, sondern Wille und Verstand sollen das Leben steuern.

Die Arbeit im Garten ist nicht nur für die Gesundheit des Leibes förderlich, sondern ist eine echte Lebensschule. Sie lehrt, dass alles Lebendige Geduld und Zeit braucht zum Wachsen und Reifen. Alles Lebendige braucht kluge Fürsorge und liebende Pflege, jede Pflanze, jeder Strauch wartet darauf. Alles, was wächst, will geachtet sein, denn eine verachtete und ausgebeutete Natur rächt sich bitter. Die Gartenarbeit führt dauernd den Kampf zwischen guten und bösen Kräften vor Augen: Ungeziefer, Frost, Unwetter; der Segen des Wassers, der Sonne und des Düngers. Sich nicht entmutigen lassen, immer wieder sich etwas einfallen lassen. Darüber hinaus schenkt der Garten eine Menge Freude: der erste Salat, die erste Erdbeere aus dem Eigenbau. Die Freude des Wachsens, die Freude der Ernte und vieles andere.

Bei Mounier las ich folgenden Satz: „Verständigung ist seltener als das Glück, zerbrechlicher als Glas; es genügt eine winzige Kleinigkeit, um sie zu hemmen oder ganz abzubrechen.“ Man braucht als Beispiel dafür gar nicht die Friedensverhandlungen, oder Abrüstungsverhandlungen der Politik herzunehmen, betrachten wir nur unser Verhältnis zu gewissen Angehörigen oder zu Nachbarn: Ein unüberlegtes Wort, ein unterlassener Gruß, ein unvorsichtiges Verhalten, und schon ist der Unfrieden da. Selig die Friedfertigen, die immer wieder verzeihen und alles Mögliche unternehmen, um die Verständigung zu suchen. Manche Leute sind so überempfindlich, so streitsüchtig und nachtragend, dass es besser ist, man hat nicht viel damit zu tun und hält sich an den Grundsatz: innere Nähe durch äußere Distanz.

Ist der menschliche Körper erkrankt, dann krankt auch die Seele. Man wird ins Spital gebracht wie in eine große Reparaturwerkstatt. Beste Apparate, wirksame Medizinen und Therapien, Fachärzte und geschultes Personal bringen den Körper und seine Funktionen wieder in Ordnung; aber auch die Seele, der Geist und das Gemüt verlangen nach Heilung. Da bemühen sich Freunde und Angehörige und oft auch gute Seelsorger nach bestem Wissen, wieder alles ins richtige Lot zu bringen. Der christliche Mensch schätzt seine Religion und deren Priester, denn der Glaube gibt Trost und Gelassenheit, gibt Leidensmut und Ergebenheit, gibt Hoffnung und Zuversicht. Dazu kommen noch die geheimen Kräfte, die Gebet, Meditation und Sakramente vermitteln.

Ironie des Schicksals: Als man klein war, haben sich die Angehörigen gefreut, wenn man sprechen und gehen gelernt hat; ist man alt, dann freuen sich die Angehörigen, wenn man nichts sagt und still sitzt. Es muss nicht immer Trotz, Verbitterung oder Gehirnverkalkung sein, wenn alte Leute lieber schweigen als reden. Es ist Weisheit und Klugheit, wenn man selten, aber dafür vorsichtig und überlegt redet. Auch ist es nicht unbedingt Interesselosigkeit und Müdigkeit, wenn alte Leute nicht überall dabei sind, „wo ein blauer Rauch aufsteigt". Je einfacher und bescheidener der Mensch wird, umso unauffälliger, stiller und schweigsamer wird er.

Im Buch der Sprüche heißt es: „Kummer im Herzen drückt auf den Menschen; ein gütiges Wort aber heitert ihn auf" (Spr 12,25). Humor im Krankenhaus! Nicht der Kneipenhumor mit den derben, schamlosen Witzen, mit dem weinseligen Gegröle ist es, der ins Spital passt, sondern mehr das erfrischende Lächeln, der harmlose Witz, eine lustige Begebenheit, eben alles, was entkrampft und löst, ist geeignet, dem Kranken zu helfen. Der kluge Humor kennt Rücksicht auf die Gefühle und die gesundheitliche Lage der Patienten. Ärzte, Pfleger, Kaplan und Besucher müssen ein erlerntes oder angeborenes Gefühl haben für belebenden Humor. Nicht die schwüle Luft im Talkessel, sondern die würzige Bergluft erfrischt Körper und Geist.

Glauben heißt die Unbegreiflichkeit Gottes ein ganzes Leben lang aushalten. Gott ist uns ein Rätsel! Schmerzlich bedrückt uns die Frage: Warum kann Gott dies und jenes zulassen? Da bleibt einem der Verstand still. Kleine Kinder verstehen ja auch vieles nicht, was die Eltern tun. Es fragt: „Warum darf ich im Winter nicht auf dem Zementboden sitzen? Warum darf ich nicht essen, wann ich Lust habe?“ Kleine Kinder stellen Fragen über Fragen und bekommen nicht immer eine Antwort. Dennoch lieben sie ihre Eltern und denken bei sich: So wird es schon recht sein. Das ist die richtige Einstellung der Unbegreiflichkeit Gottes gegenüber: Alles, was Gott getan, ist wohlgetan. Du wirst gleichsam durch die Luft gewirbelt und weißt nicht, wo du landen wirst.

Die sinnvollsten Gedanken finde ich immer in der Bibel. Da steht zum Beispiel im Buch Sirach (31,2): „Das ängstliche Vorsorgen raubt den Geist und die Ruhe, wie schwere Krankheit hält es die Seele schlaflos." Wie die Tiere im Herbst instinktiv Wintervorräte sammeln und horten, so haben viele alte Leute einen unwiderstehlichen Drang zu sammeln und aufzubewahren. Wenn sie was haben, können sie sich unmöglich davon trennen. Eigentlich müsste das Gegenteil der Fall sein: Je weniger man hat, umso wohler sollte man sich fühlen. Wenn man alt ist und der Weg beschwerlich ist, kann man nicht zwei schwere Koffer und einen voll bepackten Rucksack tragen. Auch das Loslassenkönnen ist eine Gnade. Ich kenne alte Mönche, die an ihren paar Zetteln und Heften mehr hängen, als reiche Leute an ihren Gütern.

Kennt ihr die Geschichte von den drei Fröschen, die in einen Milchkübel gefallen sind? Der Erste war Optimist: Mit aller Kraft wollte er hinausspringen, und so versank er gleich und war tot. Der Zweite war ein Pessimist: Er ging freiwillig unter. Der Dritte hielt den Kopf über die Milch und strampelte gleichmäßig mit den Füßen, so dass aus der Milch Butter wurde. Vom festen Butterkloß sprang er mit Leichtigkeit in die Freiheit. Wie sagt das Sprichwort? „Den Mutigen und beständig Ringenden gehört das Leben“, oder die Engel am Schluss von Goethes „Faust“: „Wer strebend sich bemüht, den können wir erlösen!“

Wer hat nicht schon einmal einen Prediger flehentlich angeschaut in der Hoffnung, er möge doch bald das „Amen" sagen. Lange Reden sind vor allem dem kranken Menschen ein Graus, konzentriertes Zuhören macht müde. Es gibt Leute, die brauchen zwanzig Sätze, um einen einfachen Gedanken auszudrücken, wo für andere nur ein einziger Satz genügt. Das Sprichwort „In der Kürze liegt die Würze" gilt anscheinend in der ganzen Welt, den auf einer Insel in der Südsee gilt das Sprichwort. Wer vor der Versammlung sprechen will, der darf nur solange reden als er vermag, auf einem Bein zu stehen.

Ich kenne eine alte Person, die man oft lange Zeit nicht sieht. Sie schließt sich in ihre Schlafkammer ein und kramt und kramt. Alte Koffer und Kartone werden geöffnet, in Kästen und Schubladen wird gestöbert. Sie muss zum hundertsten Mal alles neu ordnen. Warum sollte sie diese Freude nicht haben? Abgesehen davon, dass die alten Klamotten mal frische Luft brauchen, werden liebe Erinnerungen aufgefrischt … Dieses Kleid hat schon die Mutter getragen, jene Halskette hat sie bei der Erstkommunion erhalten, diese bunte Schürze hat sie vom ersten Lohn gekauft, jene Strümpfe vor vierzig Jahren zu Weihnachten erhalten. So erzählen die vielen Briefe, Postkarten und Erinnerungsfotos sowie die alten Sachen im Schrank ihre ganze Lebensgeschichte.

Im folgendem Gebet ist alles enthalten, was Gott vom alten Menschen fernhalten möge: „Herr bewahre mich im Alter davor, dass ich allzu geschwätzig werde. Bewahre mich vor der Gewohnheit, über alles reden zu müssen und zu allem meine Meinung sagen zu müssen. Erlöse mich vor der etwa auftretenden Sucht, die Angelegenheiten anderer in Ordnung bringen zu müssen. Befreie mich von der Gewohnheit, alle Einzelheiten meines Alltages anderen erzählen zu müssen. Schenke mir die Geduld, die Sorgen anderer anzuhören. Lehre mich zu wissen, dass auch ich zuweilen in Unrecht sein kann.“ Es braucht schon viel Demut, so vor Gott zu sprechen.

Man hört oft klagen, dass die Leute heutzutage einander fremd geworden sind, man kennt kaum die Leute in der nächsten Umgebung. Warum? Ganz einfach. Früher gingen die Leute zu Fuß, heute fahren sie sogar kleine Strecken mit dem Auto. Früher traf man sich auf dem Kirchweg, auf dem Weg zum Arzt, zu den Geschäften, zu den Ämtern usw. Man redete miteinander und tauschte Neuigkeiten aus. Man kannte einander und wusste voneinander. Das gehörte einfach zur Dorf- und Pfarrgemeinschaft. Wenn heute ein Bekannter mit dem Auto vorbeirast, kann man nicht einmal „Guten Morgen“ sagen. Wer erkennt denn einen Schulfreund, wenn das Gesicht hinter dem Visier eines Schutzhelmes verborgen ist? Würde man mehr zu Fuß gehen, wäre das Zusammenleben sicher angenehmer und freundlicher.

Die meisten Tiere haben Flöhe oder Zecken, die meisten Menschen haben lästige Leute in ihrer Nähe, die ihnen dauernd auf die Nerven gehen. Man betrachtet sie zwar nicht als Feinde wohl aber als Nervensägen. Das schlimme dabei ist der Umstand, dass sie selber gar nicht merken, wie lästig sie sind. Was soll man machen? Man kann sie weder verscheuchen noch ihnen ständig aus dem Wege gehen. Um des Friedens willen muss man auch diese widrigen Zeitgenossen ertragen. Man weiß ja nie, wenn man auf sie angewiesen ist. Wie heißt es doch im „kleinen Prinzen“: „Ich muss wohl zwei drei Raupen aushalten, wenn ich die Schmetterlinge kennen lernen will.“ Zudem: wer weiß denn, wie vielen Menschen man selber lästig wird?

Schwermütige leiden das ganze Jahr, aber am schlimmsten ist der Winter. Die Nebelschwaden im November, der kalte Regen im Spätherbst drücken schwer auf das Gemüt. Die Kälte, die Einsamkeit und die langen Nächte sind eine Qual für die niedergeschlagenen Menschen trotz der wohligen Wärme des Offenes. Wie wild gewordene Teufelchen springen die Ängste und Bitterkeiten in den Kopf und zermartern das Gehirn. Gerade in dieser stillsten Zeit des Jahres fließen die Tränen. Wo gibt es Trost und Hilfe? Vielleicht sollte man es machen wie die Vögel im Winter: Sie fliegen und flattern den Tag herum, vielleicht um sich warm zu halten, aber vor allem, um einige Körnchen Futter zu suchen. So sollten auch die Schwermütigen viele kleine Freuden suchen und genießen, die der Himmel ihnen beschert, dann wird das Leben leichter und erträglicher.

Der Satz von C. G. Jung gibt zu denken: „Schlechte Laune ist das Laster der Frommen". Das stimmt nicht immer. Wirklich fromme Leute sind nicht übermütig, aber doch heiter; nicht dauernd in Jodlerstimmung, aber doch humorvoll. Sie lieben die geistlichen Dinge, verschmähen aber auch nicht weltliche Genüsse. Sagt doch das Sprichwort: Wer nicht genießen kann, der wird ungenießbar! Vögel fressen nicht nur Insekten, sondern auch Sandkörner. Der Fromme soll menschlich, gesellig und umgänglich sein, wenn seine Frömmigkeit nicht in Verruf kommen will. Wenn der Leib und seine Sinne nicht auf ihre Rechnung kommen, dann quälen sie den Geist. Dann wird der Mensch launisch und verdrossen. Auch der Fromme kann nicht auf den Wolken durch das Leben fliegen, er ernährt sich nicht nur vom himmlischen Manna, sondern auch von den Sandkörnern dieser Welt.

Ein Sprichwort sagt: „Augen, die geweint haben, sehen besser“. Die Tränen spülen den Staub von der Seele und reinigen das Herz von Gift. Tränen machen Verhärtetes wieder weich. Tränen sind stumme Gebete, die zum Himmel dringen, wie es in der Bibel heißt. „Rinnt nicht die Träne von der Wange und klagt seufzend gegen den, der sie verursacht hat? Denn von der Wange steigt die Träne zum Himmel empor; der Herr achtet darauf und es missfällt ihm“ (Sir 35, 18–19). Leid und Schmerz müssen herausgeweint werden, wenn das Herz heilen soll. Jede Not muss ausgesprochen, einem Menschen geklagt werden, damit die innere Ruhe wiederkehre.

Man muss nicht unbedingt eine geschulte Medizinerin sein, um zu wissen, was Wunden gut tut und was nicht. Wunden muss man lieben, dann erst lassen sie sich heilen. Wunden darf man nicht berühren, wohl aber reinigen und verbinden. Man kauft die heilenden Salben, erneuert den Verband, freut sich am langsamen Heilungsprozess. Genauso sollte man mit den Fehlern der Menschen umgehen: zeigt man sie der Öffentlichkeit werden sie nur noch größer, behandelt man sie falsch, werden sie nur noch tiefer. Bei alten und gebrechlichen Menschen muss man ganz besonders aufpassen, sie sind empfindlicher und verwundbarer. Unendliche Geduld, Ermunterung und Einfühlungsvermögen sind die besten Salben für die Wunden der Seele.

Bist du mal schlecht gelaunt und willst die trübe Stimmung loswerden, dann gehst du sicher nicht zu dem, der ein Gesicht macht wie eine vertrocknete Gurke oder wie eine ausgepresste Zitrone, sondern zum Freund mit dem strahlenden Gesicht. Der Dichter Herder drückt das so aus: „Musst du des Herzens Kummer einem anvertrauen, dann geh zum Heiteren, denn der heitere Mann ist auch der barmherzige.“ Nur der Heitere kann die Trübsal vertreiben. Der frohe Mann muss nicht unbedingt stets lustig und übermütig sein. Echter Frohsinn leuchtet aus den Augen, ist still und bescheiden. Der Lustige hat den Frohsinn auf der Zunge, der Übermütige in den tanzenden Beinen. Frohsinn, der Traurigkeit vertreiben soll, kommt aus dem zufriedenen und gütigen Herzen.

Wie wohltuend ist eine gute Nachbarschaft. Man schätzt einander, man redet und feiert miteinander, man hilft einander, wo man nur kann. Noch wichtiger ist eine gute Nachbarschaft im gleichen Krankenzimmer. Wenn man einander leiden kann, ist vieles leichter. Es ist nicht mehr so langweilig. Ist man selber hilflos, klingelt der andere nach der Schwester, man leiht einem den Rasierapparat, hebt etwas vom Boden auf, gibt eine gewünschte Auskunft usw. Gerade durch diese kleinen Dienste entsteht im Zimmer eine angenehme Atmosphäre. So können gute Zimmerkollegen zur Gesundung wesentlich beitragen. In der Bibel heißt es: „Einer trage des anderen Last, so werdet ihr das Gesetz Christi erfüllen."

Du besuchst den Einsamen, doch er verschließt die Tür. Du gehst zum Kranken, doch er will seine Ruhe haben. Du willst dich mit Kindern abgeben, doch sie lachen über dich. Du schenkst dem Armen ein Kleid, er aber wirft es in den Müllkübel. Du gibst dem Bettler eine Suppe, doch er wirft dir den Teller ins Gesicht. Du sagst: „Undank ist der Welten Lohn". Vielleicht wird dich keiner besuchen, wenn du krank bist, vielleicht wird keiner traurig sein, wenn du tot bist, vielleicht glaubt keiner, dass du es gut mit ihm meinst. Hör dennoch nicht auf, gut zu sein und stets Gutes zu tun. Der Herrgott kennt deine Absichten und sieht deine Taten, das soll dir genügen. Mach es wie der Vogel im Garten: er singt und singt und fragt nicht, ob ihn jemand hört und sich am Gesang erfreut.

Eine spanische Königin besuchte Papst Leo XIII. Als Geschenk überreichte sie ihm einen eigenartigen Spazierstock. Es war ein unansehnliches, klobiges und knorriges Ding. Die Anwesenden raunten einander ins Ohr: „Wie kann man denn so etwas plumpes einem Papst schenken?“ Der greise Papst stand auf und stützte sich auf den neuen Stock. Da fielen aus einer geheimen Öffnung lauter Golddukaten heraus. Da verstanden die Umstehenden, dass dieser Stock doch ein sehr sinnvolles Geschenk war, nicht nur wegen der Goldstücke, sondern durch das, was die Königin damit sagen wollte: Das Alter wirkt auf den ersten Blick gebrechlich, abstoßend, klapprig und unansehnlich, aber im Innern verbergen sich die Reichtümer des Alters: Weisheit und Lebenserfahrung, Ruhe und Gelassenheit, Gottergebenheit und Klugheit. Die Reichtümer der Jugend liegen an der Oberfläche, die Reichtümer des Alters liegen im Innern.

Peter Rosegger schreibt einmal: „Wenn du einmal recht schwer betrübt bist, dass du meinst, kein Mensch auf der Welt könne dich trösten, so tue jemandem etwas Gutes und sogleich wirst du dich besser fühlen." Der Traurige beschäftigt sich zu sehr mit sich selber. Sobald er sich aufrafft, etwas Gutes zu tun, wendet sich der Blick von sich selber ab und einem anderen Menschen zu. Das allein schon ist heilsam. Zudem besitzt jede gute Tat auf die Dauer eine rückwirkende Segenskraft. Man fühlt sich einfach wohler, wenn man einen dankbaren und freundlichen Blick erhält. Die gute Tat setzt offene Augen voraus und ein einfühlendes Herz; sie verlangt oft viel Selbstbeherrschung und gar manchen Verzicht. So überwindet man die innere Traurigkeit. Man schiebt die Wolken beiseite und die Sonne scheint wieder.

Man nennt die Jugend die Zeit des Sturmes und Dranges. Das bedeutet nicht, dass das Alter die Zeit der vollkommenen Windstille ist. Die Stürme verlagern sich mehr ins Innere, in die Tiefe. Alte Leute sind wie hohe Bäume: Während der Sturm die Wipfel arg schüttelt, hört man im unteren Teil nur ein leises Ächzen und Klagen. Im Alter toben die Stürme mehr im Inneren des Menschen und zernagen das Mark der Seele: Ärger, Verdruss, Mutlosigkeit und Ängste sind schlimmer als äußere Stürme. Wurzelnd im christlichen Glauben, gefestigt durch reiche Lebenserfahrung, gestärkt durch Vorbild und Hilfe lieber Menschen kann er durch keine Stürme geknickt werden.

In einem Wochenblatt fand ich einen treffenden Gedanken von M. Malinski: „Du sollst deinen Nächste lieben.“ Wenn du am liebsten alle Menschen mit dem Vornamen anreden möchtest, wirst du immer einsam sein. Wenn du mit aller Welt Freund sein willst, wirst du gar keinen Freund haben. Wenn du in alle verliebt sein willst, wirst du niemanden in Wahrheit lieben. Man gewinnt Freunde nicht dadurch, dass man jeden Menschen mit „DU“ anredet, mit jedem Gast in der Kneipe Brüderschaft trinkt, sich bei jedem einschmeichelt und anbiedert. Tiere beschnuppern einander, bevor sie miteinander spielen, Kinder betasten zuerst ein Spielzeug, bevor sie es gebrauchen. Erwachsene wollen sich zuerst gründlich kennen lernen, bevor sie einander trauen.

Wer Probleme hat, kann sich selber helfen und muss sich von anderen helfen lassen. Vor allem müssen die Probleme durchsichtig gemacht werden. Es ist wie bei einem Puzzlespiel: man schüttet die vielen Einzelteile aus der Schachtel auf den Tisch und breitet sie fein säuberlich aus. Darauf beginnt man in mühsamer Kleinarbeit die passenden Stücke zu einem Bild zusammenzufügen. Der bedrängte Mensch macht es ebenso. Im Gespräch schüttet er vor sich und dem Freund sein Herz aus. Allmählich wird die Situation durchsichtig und durchschaubarer. Mit viel Geduld und ehrlicher Offenheit wird die Lage besprochen. Sobald man das Problem in Griff bekommen hat, sucht man Mittel und Wege, es zu lösen. Wenn es auch nicht sofort lösbar ist, so fühlt sich der Bedrängte doch ruhiger und sicherer, nachdem er sein Innerstes ausgegossen hat.

Wer Blumen, Pflanzen und Bäume setzt, der achtet immer auf den nötigen Abstand. Jedes Lebewesen braucht seinen eigenen Lebensraum, um sich gut entwickeln zu können. Das gilt vor allem für den Menschen. Nimmt man ihm die Freiheit, wird er zum Sklaven. Nimmt man ihm alle Sorgen, dann bleibt er ein Kind. Der nötige Abstand zu den Menschen macht ihn selbstständiger und selbstbewusster. Zwei Säulen können nur dann ein schweres Dach tragen, wenn sie in einem bestimmten Abstand voneinander stehen. Die beste Freundschaft kann nur bestehen, wenn man den anderen nicht vereinnahmt, sondern ihm seine Freiheit lässt. Sagt doch das Sprichwort: „Innere Nähe durch äußere Distanz!" Respektiere also die Freiheit, das Eigensein und die Freiräume des anderen, dann hast du lange gute Freunde.

Vielleicht werdet ihr den Kopf schütteln, wenn ich behaupte, dass die Passionszeit für mich die schönste Zeit des Jahres ist. Nicht nur weil der Frühling ins Land zieht, sondern weil es die Zeit der Kreuzträger, der Kranken ist. Es ist eine Gnadenzeit, die uns viel Trost und tiefe Einsichten bringt. „Haben wir mit ihm gelitten, dann werden wir auch mit ihm verherrlicht werden." Haben wir an seinem Kreuz teilgenommen, dann werden wir auch an seiner Seligkeit teilnehmen. Kreuze sind immer das beste Zeichen der Auserwählung, und nur jenen werden sie gegeben, die aus einem besonderen Holz geschnitzt sind. Lasst uns also nicht verzagen, die paar Jahre werden wir es schon noch aushalten.

Einer der schönsten Empfangssäle ist die so genannte Spiegelhalle im Kaiserpalast von Teheran. Der Schah bestellte aus dem Ausland Kisten mit bestem Glas. Als man die Kisten aufmachte, waren nur noch Scherben darin. Doch ein Ingenieur machte aus den Scherben Tausende von Spiegelchen und brachte sie so an, dass der Raum ein einziges traumhaftes Glitzern war. Es gibt genug Menschen, bei denen alles zerbrach: Gesundheit, Pläne, Familie, Beruf. Und sie gaben doch nicht auf, sondern bauten mit eisernem Willen ein neues Leben auf. Sie haben sich am Kreuz aufgerichtet, und so wurden ihre Wunden zu Wundern.

Bewundernswert sind sie wirklich diese Windsurfer oder Wellenreiter: hohe Wellen, die Boote zum Kentern bringen und Schwimmer verschlingen, benutzen sie durch raffiniertes Können, um sich an den Strand tragen zu lassen. Ähnlich wissen Adler und Falken, selbst die widrigsten Winde für ihr Schweben auszunützen. Sollte man nicht auch die unguten, negativen Dinge und Ereignisse zu etwas Gutem verwenden können? Was dem einen Musik, ist dem anderen Krawall; was dem einen ein Zeichen der Hoffnung, ist dem anderen Anfang des Untergangs. Des einen Freud ist des anderen Leid. Es ist also doch vieles eine Sache der inneren Einstellung und des positiven Denkens. Jedenfalls sind jene glücklicher und fröhlicher, die in allem das Gute zu entdecken bestrebt sind.

Bemitleidenswert sind die Menschen, die mit ihrer Zeit nichts anzufangen wissen. Vielleicht fehlt es ihnen an Phantasie und Ideen, vielleicht an Energie und Willen, vielleicht brauchen sie jemanden, der sie immer schiebt und drängt. Langeweile ist wie ein reines, weißes Blatt, das beschrieben werden will. Langeweile ist wie eine stumme Orgel, die auf spielende Hände wartet. Langeweile ist wie eine Leere im Kopf, die auf große Gedanken wartet. Es ist ein richtiges Werk der Barmherzigkeit, langweilige Menschen zu ertragen und anderen zu helfen, die Langeweile zu vertreiben.

Nimmt man einem Baum jede Blüte, jedes Blatt, jeden Ast oder sogar noch die Rinde weg, dann wird er bald eingehen, auch wenn seine Wurzeln noch so gesund und kräftig sind. Mag der alte Mensch noch so gut „versorgt“ sein, nimmt man ihm weg, was ihm lieb und teuer ist, dann fängt sein Sterben an. Sobald er nicht mehr arbeiten darf, die Enkelkinder von ihm ferngehalten werden, sobald er nichts mehr gilt und nichts mehr zu sagen hat, ihm lieb gewordene Dinge weggenommen und man sich sogar in seine privatesten Angelegenheiten einmischt, dann treibt man ihn in den Untergang. Sehr oft trifft sie im Alter das gleiche Schicksal, das sie anderen bereitet haben. „Jede Schuld rächt sich auf Erden.“ Oder: „Wie du kränkst, so wirst du kranken.“

Die Kräfte der Natur sind einfach wunderbar! Denkt an die vielen Schneeglöckchen, die durch Schnee und Eis dringen, um ans Licht zu kommen; denkt an den alten Baum auf dem Fels, dessen Wurzeln sogar den Stein gespalten haben. Ein Bild der unheimlichen Kraft der sanften und zarten Gewalt. Beim Menschen ist es ähnlich: denkt an jene Frauen, die aus jähzornigen, unbeherrschten Männern im Laufe von Jahren solide, gutmütige Gatten gemacht haben. Denkt an die Großeltern, die mit ihrer klugen, stillen, geduldigen und sanften Art das ganze Leben und Verhalten der Kinder und Enkelkinder maßgebend beeinflusst haben. Sie besaßen eben eine unglaubliche Ausstrahlung; es geht eben eine wohltuende und still formende Kraft von ihnen aus.

In keiner Zeit braucht der Mensch den Heiligen Geist so notwendig, wie in alten und kranken Tagen, denn es ist die Zeit, wo der Geist Gottes im Menschen am meisten wirkt, beim einen zur Entwicklung des Guten, beim anderen zur Vollendung des Guten. Der Mensch ist innerlich meist weitaus besser als er nach außen erscheint. Die Nuss muss von der groben Schale befreit, der Diamant muss fein geschliffen, Früchte müssen geschält, alte Kunstwerke müssen gesäubert und restauriert werden, so muss auch der Mensch durch Krankheit und Unglück, durch Alter und Verzicht bearbeitet werden, damit das Gute und Edle in Erscheinung trete. Der Heilige Geist, „der das Wollen und Vollbringen bewirkt“, wird das schonend, stärkend und liebend in der Stille zustande bringen.

Es gibt genug alte Leute, die gerne bereit sind, anderen Menschen zu helfen oder in den verschiedenen Vereinen der Pfarrei tätig zu sein, aber schon die geringste Kritik macht sie mutlos. Sofort sagen sie: „Wenn ich euch nichts recht machen kann, dann tut eure Arbeit selber.“ Sie sind wie die Wäsche, die nicht an die Leine geklammert ist: Jeder kleine Windstoß fegt sie vom Seil. Als Charlie Chaplin einmal eine sehr harte Kritik einstecken musste, wollte ein Freund ihn trösten. Charlie: „Ich brauche keinen Trost; der Kritik entgeht nur, wer nichts sagt, nichts tut und nichts ist.“

Wer auf dieser Erde ist ohne Plage? „Mit des Geschickes Mächten ist kein ew'ger Bund zu flechten." Weder die Zigeunerin noch die Sterne, weder der Hellseher noch der Handleser können dir mit Sicherheit sagen, was die Zukunft bringt, und schon gar keiner kann dich vor Unheil, Tränen und Krankheit bewahren. Du kannst nur den Wanderer nachahmen, der vor einer langen Reise steht und sich dafür sorgfältig ausrüstet: Schuhwerk für Berg und Ebene, Kleidung für Hitze, Regen und Kälte. Ausreichender Proviant und eine gefüllte Flasche. Geld und Ausweise in der Tasche. Verband und Medizin für Notfälle. So rüste dich mit Gottvertrauen, Schaffenskraft, Bescheidenheit und Geduld. Wenn du dir ein langes Leben wünschst, muss der Vorrat noch größer und kräftiger sein.

Bei Kindern und alten Leuten kommt es vor, dass sie oft lange und sehr lebhafte Selbstgespräche führen. Man lächelt darüber, aber das ist ganz normal. Die Wissenschaftler nennen das „inneren Dialog“. Wie die Kräfte und Säfte des Magens die Speisen verarbeiten, die ihm zugeführt werden, so „verarbeitet“ der weise Mensch alles, was Auge, Ohr und die anderen Sinne dem Gedächtnis liefern. Durch das Nachdenken oder die Selbstgespräche wird alles in die entsprechenden Regale des Gehirns eingeordnet. Ist alles am richtigen Platz, dann ist man ruhig und zufrieden. Wer mit sich selbst nicht sprechen kann, der muss halt mit anderen sprechen und ihnen alles ins Gesicht werfen, noch bevor es durch die Mühle der Seele gedreht wurde; wie auch der Kranke die Speisen erbricht, bevor sie in den Magen gekommen sind.

Manche ältere Leute beklagen sich bitter, dass ihre Kinder, Enkel, Neffen und Nichten so selten auf Besuch kommen und wenn sie kommen, dann verschwinden sie möglichst bald. Woher kommt das? Mag sein, dass man sich gegenseitig nicht versteht, weil die Interessen, Ansichten und Probleme allzu verschieden sind, aber manchmal sind die Besuchten nicht ganz schuldlos. Sie sollten sparsamer sein mit Vorwürfen, Belehrungen, Ratschlägen oder gar Drohungen. Immer nur: „Früher war es so ... zu unserer Zeit gab es das nicht ... wir haben gelernt ...“ Auf die Dauer sind solche Gespräche unerträglich. Man braucht nicht zu allem zu schweigen, aber man muss Ort, Zeit, Gelegenheit und Stimmung abwarten, wenn man etwas Ernstes zu sagen hat. Man sollte alles erdenken, um dem Besucher die Zeit möglichst angenehm und erholsam zu gestalten.

Ihr kennt doch das Lied: „Mädchen ruck, ruck an meine grüne Seite, ich mag dich gar so gern, ich kann dich leiden." Was heißt das: „ich mag dich leiden?" Wenn ich jemanden gern habe, dann bewundere ich seine Fähigkeiten, dann mag ich einfach seine Art. Nicht nur, dass ich gerne seine Schwächen ertrage, dann leide ich an seinen Leiden, lasse mich belasten von seinen Belastungen, weine mit ihm die gleichen Tränen. Noch deutlicher gesagt: Du und ich haben das gleiche Herz, die gleichen Gefühle. Das nennt man echte Liebe. Das gibt es wirklich. Denkt an die Mütter behinderter Kinder, an die Frauen von Schwerkranken, an die Freunde von deprimierten und verdrossenen Menschen. Das sind auch die wahren Christen: „Einer trage des anderen Last, so werdet ihr das Gesetz."

Wenn die Zugvögel im Herbst und im Frühjahr ihren Wanderflug unterbrechen, um zu übernachten, dann geben sie in der Nacht kurze Laute von sich. Dadurch wollen sie sagen: „Ich bin da … kannst du mich hören … bist du noch da …?“ Die meisten alten und kranken Leute machen es den Zugvögeln nach. Durch gegenseitige Besuche, durch Briefe oder Telefonanrufe bekunden sie, dass sie noch da sind und wohlauf sind. „Wir sind im gleichen Boot“, denkt man, da muss man zusammenhalten und Freud und Leid miteinander teilen. Menschen, deren Leben parallel gelaufen ist, Leute, die mit dem gleichen Kreuz beladen sind, verstehen einander besser. So kurze „Pieps-Laute“ wie die der Wandervögel geben einander Geborgenheit, Sicherheit, Zuversicht und Gelassenheit.

Kranksein ist wie ein Beruf, der gelernt sein will; Kranksein ist wie eine große Aufgabe, auf die man vorbereitet sein muss. Das gilt vor allem für Langzeitkranke. Die ständigen Schmerzen, die schlaflosen Nächte, die Behinderung, die Abhängigkeit von anderen, der Verzicht auf viele Dinge, die Einsamkeit, die Trostlosigkeit und viele andere Zustände sind dem gesunden Menschen nur dem Namen nach bekannt. Wer aber viel mit Kranken zu tun hat, kann sich leichter in die Situation des Kranken hineinfühlen. Der willensstarke, optimistische und humorvolle Kranke erträgt das lange Kranksein leichter. Wer gerne liest, wer sich geistig beschäftigen kann durch Nachdenken, Betrachtung und Gebet, den drückt nicht die Langeweile. Geduld, Ergebenheit und Gelassenheit erleichtern das Kranksein erheblich.

Am wohlsten fühlt man sich immer dort, wo man keine Angst voreinander hat und reden kann, „wie einem der Schnabel gewachsen ist“. Man hat Angst, Ansehen zu verlieren. Alle sollen merken, dass man Fachmann auf einem Gebiet ist. Die Angst, unvorsichtig und unklug zu reden und als blöd angesehen zu werden. Die Angst, missverstanden und dann verleumdet zu werden. Warum die Halbwahrheiten, die Umschreibungen, die Höflichkeitsfloskeln, die Diplomatensprache? Da ist doch lauter Stolz und Scheinheiligkeit auf der Seite des Sprechers und Argwohn und Misstrauen gegen den Gesprächspartner. Natürlich müssen Klugheit, Rücksicht und Höflichkeit das Gespräch begleiten, dennoch kann es offen, frei, ungeniert, wahr und herzlich sein.

Haben wir Wohnung, Nahrung und Kleidung, dann lasst uns zufrieden sein. Geld gibt zwar eine gewisse Sicherheit, macht aber nicht glücklich. Der hl. Franz von Assisi verkündete und lebte die innere und äußere Loslösung von Hab und Gut. Ihn sollen sich jene Leute zum Vorbild nehmen, die mit zunehmendem Alter noch mehr zusammenraffen und noch krampfhafter zusammenhalten, was sie haben. Hab und Gut belasten den Geist und die Liebe der Erben richtet sich nicht auf den Greis, sondern auf seinen Besitz. Wer sich rechtzeitig löst, der erhält dafür innere Ruhe, Sorglosigkeit, Gelassenheit, Humor und Frieden. Gerade diese Eigenschaften machen den Lebensabend zum schönsten Lebensabschnitt. Wer seine Habe nicht abgeben kann, der soll frühzeitig ein gültiges Testament machen, damit später Streitigkeiten und Feindschaften unter den Erben vermieden werden und man ihn nicht noch im Grabe verflucht.

Ein mongolisches Sprichwort sagt: „Ein gutes Wort gibt Wärme für drei Winter“. Ein anderes Sprichwort lautet: „Bevor du die Welt verbessern willst, geh dreimal durch das Haus und sieh, ob da wohl alles in Ordnung ist“. Es ist leichter mit der Nächstenliebe vor der Haustür anzufangen als vor der eigenen Zimmertür. Das heißt: Es ist leichter, fremden Leuten Gutes zu tun, als den eigenen. Warum? Draußen wird man gelobt, geehrt, anerkannt; zu Hause nimmt man alles als selbstverständlich an. Bei fremden Leuten kann man seine Güte leuchten lassen, bei den eigenen werden auch die schwarzen Schatten gesehen. Will man wissen, ob ein Mensch wirklich so ist wie sein Ruf, dann Frage seine Hausgenossen. Da verschwindet oft der Heiligenschein, da verblasst der Glanz.

Der Advent ist die stillste Zeit des Jahres und lädt zum Nachdenken ein. Wenn man an die vergangenen Jahre zurückdenkt, gelangt man zur Erkenntnis, die schon der Dichter W. Raabe zum Ausdruck brachte: „Es kommt immer anders! Das ist das wahrste Wort und im Grunde auch zugleich der beste Trost, der dem Menschen in seinem Erdenleben mit auf den Weg gegeben worden ist.“ Es ist wirklich ein Trost zu wissen, dass eine höhere Macht mein Leben vorbestimmt hat. So brauche ich nicht viel zu planen, zu kalkulieren und zu rechnen, sondern mich einfach der Barmherzigkeit Gottes überlassen. Treffend sagt der Psalmist: „Wie das Kind im Schoß seiner Mutter, so wird meine Seele ruhig in Dir.“ Wer eine solche Einstellung hat, den erdrückt nicht seine Vergangenheit, den stört nicht seine Gegenwart.

Ein Sprichwort sagt: „Heiterkeit und Freudigkeit ist der Himmel, unter dem alles gedeiht!" Güte, Sanftmut und Bescheidenheit zügeln die Rosse, besänftigen Zorn und Wut, schenken Ruhe und Frieden, aber Humor und Temperament machen lebendig, wecken den Geist, vertreiben Müdigkeit, überwinden Traurigkeit, besiegen Argwohn und Hass. Humor ist der beste Eisbrecher, der überall durchdringt, wo andere Schiffe stecken bleiben. Er schmilzt den Schnee. Aber wenn der geschmolzene Schnee eine schmutzige Farbe hat, dann war's kein echter Humor. Der echte Humor ist nicht verletzend, nicht banal, sondern rücksichtsvoll, klug und erfrischend.

Beim chinesischen Philosophen Konfuzius lese ich: „Menschen stolpern nicht über Berge, sondern über Maulwurfshügel.“ Meistens sind es kleine Dinge, die uns verärgern, verbittern. Winzige Nadelstiche sind es, die uns täglich martern. Manchmal sind sie so zahlreich, als ob man unter einer Nähmaschine läge. Selten braucht es große Versöhnungen, aber täglich ständiges Vergeben. Die Nadeln, die Dornen, die Nägel sollen sofort aus dem Fleisch gezogen werden, sonst entsteht eine Entzündung oder gar Vergiftung, die bittere Folgen haben. Die Liebe lebt von der Versöhnung! Das gilt für Ehepartner, für die Familie und überhaupt für jedes menschliche Zusammenleben. Ständiges Vergeben fällt vielen schwer, und doch muss es sein. „Wenn ihr euren Brüdern die Fehler nicht vergebt, wird euch auch euer himmlischer Vater eure Sünden nicht vergeben.“

Freundschaft ist was Schönes, aber leider was Seltenes. Man hat mit der eigenen Last Plage genug und will sich nicht noch von anderen belasten lassen. Man hat seine Interessen, Pflichten und Pläne; da ist kein Platz mehr für die Freuden und Sorgen anderer. Gerade der leidende Mensch braucht gute und selbstlose Freunde, mit denen er zusammen seinen Lebensweg geht. Ein arabisches Sprichwort sagt: „Ein Freiwild ist der, dem ich mein ganzes Herz - Spreu und Körner zugleich - ausschütten darf, wohl wissend, dass er alles in seine gütigen Hände nehmen, in den Wind werfen, das Gute behalten und den Rest wegblasen wird." Der Freund mag dich, so wie du bist, er kennt dich, er liebt dich, er geht mit dir durch dick und dünn! Das gibt dir ein Gefühl der Geborgenheit, der Sicherheit und Wärme, weil du nicht allein bist.

Die Tugend der Dankbarkeit und Bescheidenheit lernt der Mensch am ehesten in alten oder kranken Tagen, in seiner Ohnmacht! Du bist auf Andere angewiesen, wenn du keinen Schritt mehr gehen kannst. Wer besorgt die Einkäufe, wer geht zur Post, wer geht zu den Behörden? Du bist auf andere angewiesen, wenn du dich nicht mehr bücken kannst, um die Schuhe anzuziehen, wenn dir was auf den Boden fällt. Wer kämmt dein Haar, wer hilft beim Anziehen, beim Waschen, beim Kochen, wenn du den Arm nicht mehr heben kannst? Du bist geradezu gezwungen, bescheiden und dankbar zu sein, sonst laufen dir die Helfer davon. Man soll möglichst früh diese beiden Tugenden erlernen und üben, damit man sie bereits besitzt, sobald man sie braucht.

Ein Sprichwort sagt: „Der hat sein Leben am besten verbracht, der die meisten Menschen froh gemacht!“ Es sind immer die kleinen Dinge, die kleinen Freuden, die das Leben erhellen. Sobald sie ausbleiben, wird das Leben fade und trübe. Heutzutage haben alle Alten ihre Rente. Nicht alle sind auf das Altersgeld angewiesen. Was tun damit? Verwenden für kleine Geschenke, kleine Aufmerksamkeiten und Zeichen des Wohlwollens! Ich weiß, der empfindlichste Nerv des Menschen führt zur Brieftasche; da werden die Leute nervös. Die kleinen Freuden, die man mit Hilfe des Geldes bereiten kann, bringen einen doppelten Erfolg: sie erfreuen den Empfänger und fließen zurück auf den Geber.

Ich weiß nicht, ob meine Vermutung stimmt, dass Tiere eine eigene Beziehung zum leidenden Menschen haben: der Hund, der seinen verwundeten Herrn nicht im Stich lässt, die Katze, die immer in der Nähe des Kranken weilt, die Vögel und sogar die Eichhörnchen, die sich bis ans Fensterbrett wagen. Sie alle scheinen zu wissen, dass die Einsamkeit und die Hilflosigkeit das Schlimmste sind. Bei Reinhold Schneider las ich Folgendes: „Denn die Tiere haben eine eigentümliche Beziehung zum leidenden Dasein, die viel zu selten vom Menschen gebührend erwidert wird.“ Es ist, als ob die Kreatur den Kranken, den Ausgewiesenen in den Lebenszusammenhang zurückziehen wollte.

Wenn das Sprichwort sagt: Der Reiche hat's Geld, der Dumme hat's Glück, dann bedeutet das, dass das Leben dazu neigt, Ausgleich zu schaffen, Mängel und Verluste zu ersetzen. Das Gleiche meint auch das Hobellied von Ferdinand Raimund: „Da ist der aller ärmste Mann, der andre ist zu reich, das Schicksal setzt den Hobel an und hobelt's beide gleich." Wo das Auge blind ist, sind die Finger wie Fühler, wo die Sinne versagen, sind die Gefühle umso feiner, wer wenig erlebt, erlebt es umso tiefer. Auch das Alter hat seine Freuden, die Kinder und Jugendliche nicht kennen (Zufriedenheit, Lebenserfahrung, Klugheit). Wir haben also keinen Grund, andere zu beneiden. Wo Licht ist, da ist auch Schatten, wo Glück ist, da ist auch Unglück, wo Freude ist, da ist auch Leid. Sei zufrieden mit allem, was der Himmel dir beschert.

Habt ihr schon einmal darüber nachgedacht, was das Wort Spital bedeutet? Es heißt eigentlich Hospital und kommt vom Lateinischen hospes, Gast. Ein Spital ist also ein Gasthaus, wo für das leibliche Wohl des Gastes bestens gesorgt wird. „Der Gast ist König", hat man immer gesagt. Er soll nicht nur das Beste von Küche und Keller haben, er soll sich auch seelisch wohl fühlen: Gemütlichkeit, Sauberkeit, Freundlichkeit, Geselligkeit geben ihm das Gefühl der Geborgenheit. „Man mag mich" oder „hier bin ich gern gesehen" oder „auf diese Leute kann ich mich ganz verlassen". Wenn man im Spital nur noch eine Nummer ist, ein Objekt, das anderen ganz ausgeliefert ist und mehr von Apparaten als von Menschen umgeben ist, dann fehlt es an Hospitalität und Menschlichkeit.

Alles, was im Leben eines Baumes passiert, ist in ihm festgeschrieben: Schneemassen haben ihn gebeugt, Stürme haben seinen Wuchs geändert, Blitze haben seine Rinde verbrannt. An den Ringen im Stamm erkennt man sein Alter, aber auch die trockenen und nassen Jahre. Genauso ist es im Leben eines Menschen: Nichts geht spurlos an ihm vorüber: Die Erlebnisse der Kindheit, die Atmosphäre in der Familie, die Erziehung, der Freundeskreis, die Kriege oder der Wohlstand, die Erbanlagen, der Beruf, Erfolge und Misserfolge, alles beeinflusst das Wesen und den Charakter eines Menschen. Er ist nicht von selbst, aus eigenem Willen, so geworden, wie er jetzt ist. Das soll man bedenken, wenn man einen Menschen beurteilt.

Das Leiden des Gläubigen ist nicht gleich wie das des Ungläubigen. Es gleicht einer Melodie auf der Notenlinie. Die schweren Noten können durchaus bleiben, und doch ergeben sie eine andere Melodie, wenn die Vorzeichen geändert werden. Das Auf und Ab der Krankheit mit ihrem Hoffen und Bangen, ihrer Einsamkeit und ihren Schmerzen kann bleiben, ist bei Gläubigen und Ungläubigen gleich. Der Grundton aber verändert sich, wenn sich das Vorzeichen ändert. Der Gläubige hat als Vorzeichen das Kreuz des Herrn an den Anfang gesetzt. Gerade dieses Vorzeichen macht das Leiden sinnvoll und wertvoll.

Briefe gehören zu den kostbarsten Erfindungen des menschlichen Geistes. Sie sind mehr als eine gewöhnliche mündliche Unterhaltung; denn durch Briefe werden die Seelen zu den Menschen getragen und bewirken wunderbare Freuden. Von solchen Brieffreuden zehren manche Leute viele Jahre lang. Kommt ein sehnsüchtig erwarteter Brief, dann strahlt das Gesicht schon beim Lesen der ersten Zeilen. Deshalb bewahren alte Leute solche Briefe oft sehr lange in ihren Schubladen auf und lesen sie immer wieder vor allem in trüben Stunden. Jedes Mal erleichtern sie das Herz und heben die Stimmung. Es scheint in manchen Briefen eine unerschöpfliche Kraft zu liegen. Denn hinter den geschriebenen Worten steckt das Herz eines lieben, guten Menschen. Briefe tragen eben die Seele zu den Menschen.

Auf einem Kalenderblatt las ich folgenden Spruch: „Der Schneeball und das böse Wort, sie wachsen, wie sie rollen fort. Eine Handvoll wirf zum Tor hinaus, ein Berg wird's vor des Nachbars Haus." Warum kann man das gleiche Sprichwort nicht auch auf das gute Wort anwenden? Die Journalisten und Filmemacher wissen es: Die Menschen hören lieber Verbrechen und Skandale, das Gute finden sie als selbstverständlich. Vielleicht kitzelt das Böse das Gemüt, vielleicht sagt man sich im geheimen: Im Verhältnis zu andern bin ich doch ein tadelloser Mensch. Sobald man aber einen Menschen gern hat, glaubt man das Schlechte nicht so schnell und freut sich, wenn möglichst viel Gutes über ihn gesprochen wird. Lästermäuler wollen die Blicke auf die kleinen Schmutzflecken anderer lenken, wo sie vom eigenen stinkenden Müllhaufen abzuwenden.

Die Angst vor Krankheiten macht richtig krank. Die Angst vor dem Alter läßt schneller altern, denn Ängste erzeugen Spannung. Die Spannung überträgt sich auf den Organismus, den Kreislauf und das Nervensystem. Auch das schleichende Herannahen eines Übels kann zermürben. Man hat ein ungutes Gefühl im Magen, man beobachtet sich ängstlich, blättert in medizinischen Büchern, braut sich verschiedene Kräutertees und will die bösen Ahnungen verdrängen. Wäre es nicht vernünftiger seine Ängste und Vermutungen jemanden anzuvertrauen und Rat zu suchen? Oft werden auf diese Weise die unheilschwangeren Vermutungen verscheucht und man hat wieder seine Ruhe. Ein entschlossener und mutiger Gang zum Arzt schafft am ehesten Klarheit über den Gesundheitszustand und vertreibt die überflüssigen Ängste.

Schon kleine Kinder versuchen, die Mutter ganz für sich in Anspruch zu nehmen. Vernünftige Mütter kennen das und gewöhnen ihnen diese Unart bald ab. Ähnlich verhalten sich die seelisch Kranken gegen ihre Helfer. Je hilfloser der geistig Kranke ist umso rücksichtsloser ist er gegen seine Helfer (Christa Meves). Sie sind wie Schiffsbrüchige, die sich verzweifelt an einer dahin treibenden Planke festhalten. Sie sind wie ein Wanderer, der einen steilen Abhang hinunterfällt und sich gerade noch an einer Kiefer festhalten kann. Sie findet nur sehr schwer einen Helfer, der ihnen zusagt und von dem sie sich was sagen lassen. Sie wollen ihn ganz für sich haben und vergessen, dass er auch für andere da sein soll. Der kluge Helfer wird sich von niemanden konsumieren oder vereinnahmen lassen.

Wer wochenlang allein im Krankenzimmer verbringt, den befällt gerne die Langeweile. Dagegen gibt es ganz einfache Mittel. Man stellt sich selbst eine feste Tagesordnung auf. Es gibt Zeiten des Gebetes, Zeiten zum Lesen und auch eine Zeit des Nachdenkens und der Selbstgespräche: man geht das ganze Leben durch, von der Kindheit bis heute. Man denkt an die Menschen, die man gekannt hat, an die Orte, wo man gewesen ist, an die Arbeiten, die man gemacht hat oder man geht auf den Friedhof und liest an den Kreuzen die Namen der Verstorbenen, die man gekannt hat. Das erfrischt das Gedächtnis und ist überaus interessant, weil man seinen Lebensweg noch einmal geht. Die Langeweile ist verflogen, was bleibt sind Ruhe und Dankbarkeit.

Auf meinem Schreibtisch steht in einer Vase eine wunderschöne Orchideenblüte. Ich staune, wie lange sie ihren Duft und ihre Frische behalten hat. Genauso ist es mit manchen Gedankenblitzen: sie leuchten plötzlich auf, durchzucken eine Zeit lang das Gehirn, dann erlöschen sie wieder. Ich habe die Gewohnheit solche Blitze einzufangen, sie aufzuschreiben und später einen Kurzartikel „für alte und kranke Leute“ zu schreiben. Denn was einmal das Herz erwärmt und den Geist erfrischt hat, kann sehr wohl öfters mich und die Leser erfrischen. Gedankenblitze sind wie kostbare Juwelen, die man sorgfältig bewahrt, weil sie so selten sind.

Das Wasser wird in der Quelle geboren und ist zum Fliessen berufen, bleibt das Wasser stehen, dann wird es zur schmutzigen Lache, versickert allmählich zu Sumpf und Moor. Es muss fließen, um zu leben, es muss rinnen, um genießbar zu bleiben. So hat auch jeder Mensch seine guten Eigenschaften, die ihm und anderen das Leben verschönern und erleichtern. Diese Eigenschaften müssen belebt, entwickelt und zur Reife gebracht werden und dürfen nicht brach und ungenutzt liegen bleiben. Die nötige Triebkraft geben Erziehung, Beruf aber auch Hindernisse und Widerwärtigkeiten. Leute, bei denen die guten Eigenschaften voll entwickelt sind, sind herrliche, großartige Menschen, die sich selber und der Umwelt zum Segen geworden sind. Die Bilder solcher Vorbilder sollen wir uns immer wieder ins Gedächtnis rufen.

Wer eine schwere und lange Krankheit hinter sich hat, der fühlt, dass ihm das Leben neu geschenkt wurde. Wie herrlich, wenn man nach vielen Monaten wieder auf der Terrasse sitzt. „Das Leben hat mich wieder…!“ Die milden Sonnenstrahlen, die würzige Luft, die schöne Natur, das Leben und Arbeiten der Menschen, alles scheint neu zu sein. Und erst, wenn man nach langer Zeit wieder daheim ist und seine Arbeiten verrichten kann, dann fühlt man sich wie neu geboren. Ähnliches wird wohl der Strafentlassene oder der Kriegsheimkehrer empfinden. Jetzt weiß man aus eigener Erfahrung, was Gesundheit wert ist. Man weiß, dass das Leben an einem dünnen Faden hängt, man ist dankbarer und zufriedener. Man wird in Zukunft auf seine Gesundheit mehr achten. Vielleicht wird sich auch das ganze Leben, Denken und Tun etwas ändern.

Menschen, die plötzlich aus dem Berufsleben herausgerissen werden durch Krankheit oder Pensionierung, haben oft große Schwierigkeiten, sich der neuen Situation anzupassen. Sie können die Zeit nicht nützen, und so dösen und vegetieren sie dahin. Man sollte sich schon in jungen und gesunden Tagen Hobbys zulegen: Musik, Sport, Lesen, Briefe schreiben, Basteln, Schnitzen, Sammeln von Karten, Fotos und Briefmarken und vor allem Teilnahme am Leben anderer: z. B. Besuche von Veranstaltungen, bei Freunden und Nachbarn usw. Man braucht nicht unternehmungslustig zu sein wie ein Zwanzigjähriger, aber man sollte immer etwas vorhaben, immer kleine Pläne im Kopf haben, damit man nicht der Langeweile und dem Müßiggang verfällt.

Ihr kennt doch die Geschichte von Sodom und Gomorra? Lot floh mit seiner Familie in die Berge. Seine Frau blieb stehen und schaute zurück; da erstarrte sie zur Salzsäule. So ähnlich ergeht es jenen Alten, die immer nur von der Vergangenheit träumen und reden. Sie sind in einer anderen Welt erstarrt und kommen mit der Gegenwart nicht mehr zurecht. Sie werden einsam, unverstanden, lästig und deshalb zu Nörglern, Meckerern, Schwarzsehern, Eigenbrötlern und unzufriedenen Menschen. Würden sie sich mehr mit der Gegenwart befassen und vertrauensvoll in die Zukunft blicken, dann würden sie mehr Freude erfahren. Auch der alte Paulus sagte: „Ich lasse das, was hinter mir liegt, und strecke mich aus nach dem, was vor mir liegt."

„Sorgt euch nicht um den morgigen Tag. Jeder Tag hat genug an seiner eigenen Plage“ (Mt 6,34). Also, die Sorgen von morgen sollen die Freuden von heute nicht zunichte machen. Schaut euch die Autos auf der Europabrücke an: Würden die Autos, die darüber gefahren sind, die jetzt darüber fahren und die in Zukunft darüber fahren werden, alle auf einmal auf der Brücke lasten, dann würde sie einstürzen. Ebenso beim Menschen: Wenn man immer an die Misserfolge und Niederlagen der Vergangenheit denkt, von den Sorgen der Gegenwart belastet ist und die Befürchtungen für die Zukunft vor Augen hat, dann würde man bald ins Narrenhaus kommen. Deshalb lasst uns den heutigen Tag erleben und erfüllen, als ob er der einzige wäre, den wir hier auf Erden leben dürften.

Etwas vom Schwierigsten ist das richtige Trösten. Mütter trösten die Kleinen durch sanftes Zureden, Ansich-Drücken, zartes Streicheln oder Händchenhalten. Der Erwachsene braucht natürlich auch Zärtlichkeit und Zuneigung, aber noch wichtiger ist es, dem Traurigen das Bewusstsein zu geben: „Der versteht mich, der ist für mich da, auf den kann ich mich ganz verlassen, der lässt mich nie im Stich!“ Das bedeutet nicht, dass der Tröster das Leid wegwischt, verkleinert, verharmlost oder gar verniedlicht. Wer nur „vertröstet“, der tröstet nicht, sondern beleidigt eher den Kranken. Der Tröster muss die Tränen des Trauernden in die eigene Seele fließen lassen, muss sein Herz ganz dicht neben das Herz des Trostlosen stellen, mitfühlend und mit leidend gemeinsam den Weg durch die Dunkelheit gehen. „Seid sanft zueinander, denn das Leben ist grausam.“

„Der kleine Prinz“ will mit dem Fuchs spielen, doch der Fuchs sagt: „Das kann ich nicht, du musst mich erst zähmen. Zähmen heißt, vertraut machen und dann einander gern haben.“ „Wie macht man das“, sagte der Prinz. Der Fuchs antwortete: „Du musst sehr geduldig sein. Du setzt dich zuerst abseits von mir ins Gras. Ich werde dich etwas verstohlen, wie aus dem Augenwinkel anschauen und du wirst nichts sagen. Aber jeden Tag wirst du dich etwas näher zu mir setzen.“ Man sieht nur mit dem Herzen gut, das Wesentliche bleibt den Augen verborgen. Wir nennen diesen Herzensblick: Liebe, Mitleid, Einfühlungsvermögen, innere Anteilnahme, seelische Verbundenheit, gleiche Antenne haben, herzliches Empfinden. Die Sprache des Herzens kennt weniger Missverständnisse als die Sprache des Mundes.

Die Übergangszeit vom Herbst zum Winter und vom Winter zum Frühling ist für viele Kranke eine verflixte Zeit. Besonders der nervenschwache und wetterfühlige Mensch leidet sehr darunter. Der Klimaumschwung bewirkt nicht nur Schmerzen in den Gliedern, sondern noch mehr die Verdrossenheit des Gemütes. Ist man schlecht gelaunt und gereizt, so wird man sich selbst und der Umgebung zur großen Plage. Die hl. Theresia weiß diesbezüglich einen trefflichen Rat: „Manchmal muss man dem Körper schmeicheln, dann lässt er sich leichter für das Gute einspannen." Ein angenehmes Zusammensein mit freundlichen Menschen, ein angenehmer Spaziergang, schmackhaftes Essen, ein guter Tropfen und all die anderen angenehmen Sachen, die Körper und Geist gut tun, bringen die Seele wieder ins Gleichgewicht.

Die Lehre der Bienen: Der Honig fließt nicht von allein in die Waben. Er muss mühsam gesucht und geholt werden. Ein wenig Phantasie und Mühe muss der Mensch schon auf sich nehmen, um die vielen Freuden zu sehen. Man braucht das richtige Auge, um sie zu entdecken und das richtige Herz, um sie zu genießen und zu bewahren. Wer nur die großen Freuden sucht, der geht an den kleinen achtlos vorbei. Sind ein gesunder Schlaf, ein erwarteter Besuch, ein guter Tropfen, ein schmackhaftes Essen, eine warme Stube im Winter, ein nettes Kleid, ein liebes Haustier, ein schöner Film und viele andere unscheinbare Dinge nicht lauter kleine Perlen oder winzige Honigtropfen, die das eintönige Leben verschönern?

Bist du schon einmal in einem Bergwerk gewesen? Tief unter der Erde wird gehämmert, gemeißelt und gebohrt. Schlechte Luft, schlechtes Licht, viele Gefahren! Ehrlich gesagt, ich möchte nicht da unten arbeiten. Und doch ist diese Arbeit notwendig, wenn die Schätze der Tiefe an die Oberfläche kommen sollen. Ebenso notwendig sind die geistigen Bohrer und Hämmer, nämlich die verschiedenen Leiden, Prüfungen, Krankheiten und die anderen Kreuze, um all das Gute, das in jedem Menschen steckt, an die Oberfläche zu bringen. Je mehr Gutes in einem Menschen steckt, umso mühseliger ist die Bergarbeit. Leiden sind meistens ein Zeichen, dass Gott die Mine, das Bergwerk unserer Seele nicht aufgegeben hat. Er weiß, dass es sich lohnt, weiter zu arbeiten.

Eine Distel will nicht berührt werden. Wer sie anfasst, den sticht sie. So sind manche überempfindlichen Leute. Jedes Wort muss hundertmal überlegt, in die Waagschale geworfen werden, bevor es ausgesprochen wird. Immer Misstrauen, bösen Verdacht! Jedes Lob, jede Anerkennung, ja jedes gute Wort wird argwöhnisch beurteilt. Eine Distel oder eine Brennnessel darf man nicht einmal sanft streicheln. Ich würde sagen: solchen Leuten soll man nicht zu nahe kommen. Sie dürfen sich nicht wundern, dass sich selbst Freunde langsam zurückziehen. Ein Grundsatz lautet: „Innere Nähe durch äußere Distanz!“ Greife die Distel nicht an! Dennoch darf man auch solche „Distelmenschen“ nicht abschreiben. Man versucht sie mit Güte und Respekt, aber auch mit Abstand und Rücksicht zu behandeln. So ist zwar kein angenehmes, aber doch erträgliches und friedliches Zusammenleben möglich.

Heilige sind auch nur Menschen, sagt man gerne. Mögen sie auch hervorragende Eigenschaften haben, ohne Fehl und Tadel sind auch sie nicht. Zum Glück! Denn ein scheinbar durch und durch korrekter Mensch ist einseitig. Einseitige Leute sind langweilige Menschen. Stellt euch vor, ein Regenbogen hätte nur eine Farbe. Das wäre gar nicht interessant. Erst die verschiedenen Farben machen den Regenbogen richtig schön. So ist es auch beim Menschen: Erst seine verschiedenen Vorzüge und Eigenheiten, aber auch seine eigenen Schwächen und Schrullen prägen seine besondere Persönlichkeit, geben ihm sein besonderes Gesicht. Das ist ja das Wunderbare, dass jeder Mensch einmalig und einzigartig ist. Lassen wir deshalb den anderen ihre Eigenarten, wir haben ja auch unsere Eigenarten. Sie machen die Leute interessanter und bunter.

Muss man im Winter bei klirrender Kälte irgendwohin gehen, dann muss man schnell gehen und nie stehen bleiben, sonst erfriert man. Auch der verzagte oder niedergeschlagene Mensch darf nicht stehen bleiben und sich seinen grüblerischen Gedanken überlassen, sonst sinkt er immer tiefer in seine Depression. „Wehre dem Anfang“ sagt das Sprichwort. Überlässt er sich ganz seinen trüben Gedanken, wird alles in ihm getrübt oder gar schwarz: Nichts freut ihn, jede Arbeit kostet ihm gewaltige Anstrengung. Er sitzt lustlos am Tisch, das beste Essen schmeckt ihm nicht, er möchte nur schlafen oder gar sterben. Ärzte und gute Menschen können ihm zwar helfen, aber er muss schon gleich etwas tun, bevor die schwarzen Gewitterwolken sich entladen. Verweilt er immer bei den finsteren Gedanken und verbohrt sich darin, dann werden sie wie schwarze Raubvögel, die ihn mit ihren Krallen unerbittlich festhalten.

Von Clemens von Brentano stammt folgender Spruch: „Trifft dich ein Schmerz, so halte still und frag, was er von dir will. Die ewige Liebe schickt dir keinen, bloß darum, dass du solltest weinen“. Deshalb sollte man nicht allzu große Angst haben vor dem, was kommen mag, denn kein Leid ist sinnlos. Fehlt dir die Tugend der Gottergebenheit, dann wird jedes Leid doppelt so schwer. Mit dem Leid ist es wie mit der Brennnessel: Fasst du sie ganz zart an, dann brennt sie scharf, ergreifst du sie fest und entschlossen, spürst du sie kaum. Hast du Angst vor jedem Kreuz und willst du unbedingt entfliehen, anstatt es gottergeben anzunehmen, fällt es doppelt so schwer auf dich und zermalmt dich.

Ein Sprichwort sagt: „Steter Tropfen höhlt den Stein". Ebenso kann man sagen: Ständige Nadelstiche machen dich frühzeitig kaputt. Ständige Kränklichkeit, giftige Worte der Hausbewohner, Spötteleien der Mitarbeiter, Nörgeleien usw. strapazieren die Geduld und nagen am Selbstwertgefühl. Dazu kommen noch eigenes Versagen und Ärger. An manchen Tagen sind diese Nadelstiche so häufig, als ob man auf der Nähmaschine liegen würde. Auch Nadelstiche können sich in Kraft verwandeln. Man wird abgehärtet, bekommt eine dicke Haut. Man wird vorsichtige und klüger im Reden und wenn man weiß, wie weh auch kleine Nadelstiche tun können, wird man andere davor bewahren. „Wie du kränkst, so wirst du kranken!"